CM1 • CM2 9/11 an

Savoir faire
une rédaction

Soigner le style, faire une description, construire un récit…

Lou Lecacheur
Professeur des Écoles

HATIER

Sommaire

● *Corrigés à détacher, au centre du cahier*

Présenter un texte

Force 1

Je compte mes bonnes réponses

Observe la règle

Pour **bien** présenter un texte, il faut :
- **le diviser** en paragraphes ; chaque étape du récit correspond à un paragraphe.
- **aller à la ligne** quand on change de paragraphe.
- **commencer** un paragraphe par un alinéa (un blanc, le premier mot étant écrit en retrait par rapport à la marge).
- **ponctuer** correctement le texte. Si un personnage parle (dialogue), utiliser les guillemets, aller à la ligne et mettre un tiret dès qu'un autre personnage s'exprime.
- **trouver** un titre au texte.
- **le mettre** en page de façon équilibrée.

1 **Souligne le dialogue contenu dans le texte et complète avec :**

titre   paragraphe 1   paragraphe 2   paragraphe 3   alinéa

Train-fantôme

Le train entra dans le tunnel. Il y faisait tout noir mais je ne craignais pas grand-chose puisque mon père, assis à côté de moi, me tenait la main.

Tout à coup, je la sentis se cramponner très fort à la mienne. Rien de plus normal, une bande de squelettes s'était mise à nous poursuivre. Soudain, papa hurla :
« C'est l'horrrrreur fiston !
- Courage papa, on sortira de cet enfer. »
Un vampire vint en renfort, prêt à planter ses dents dans nos cous bien tendres. Heureusement, le train était plus rapide que lui.

Quand le train arrêta sa course folle, le soleil brillait sur la fête foraine. Papa, lui, avait la chair de poule et moi, j'étais mort... de rire !

6

2 **Place la ponctuation de ce texte.**

Minette surgit du placard ☐ Comme elle a l'air fatiguée ☐ Mais elle ronronne et
par mille manières ☐ me conduit près d'une boîte à chaussures ☐ Trois chatons
sont là les yeux fermés ☐ ☐ Regarde ☐ mais ne les touche pas ☐ semble me
dire Minette ☐ Tu joueras avec eux quand ils seront plus grands ☐ ☐

11

3 **Recopie ce texte en faisant apparaître trois paragraphes.**
Fais les alinéas. Trouve-lui un titre.

Planté sur sa jambe de bois, Barbe Rousse regardait ses pirates creuser. Il était certain
que l'or était caché au pied de ce palmier. La carte indiquait précisément cet endroit.
Deux heures plus tard, ses hommes creusaient toujours. Barbe Rousse commençait
vivement à s'impatienter. À la tombée de la nuit seulement, un pirate s'écria :
« Sacrebleu ! on dirait un coffre ! ». Les yeux brillants, ils l'ouvrirent ; hélas pour eux,
le coffre loin d'être vide, était bien plein... oui, mais plein de terre !

....

....

....

....

....

....

....

....

....

....

....

3

Le total de mes bonnes réponses est .... **/20**

Soigner le style (1)

Je compte mes bonnes réponses

Observe la règle

On peut soigner son style d'écriture en évitant les répétitions inutiles :
- **utiliser des pronoms** pour ne pas répéter des noms ;
- **employer des synonymes** (des mots de même sens) ;
- **préférer des mots expressifs** et des expressions imagées à des mots imprécis ;
- **éviter les mots inutiles** qui alourdissent le texte comme : **il y a, on, c'est...**

1 ## Lis ce texte.

<u>Manon</u> se penche pour rattacher son lacet. À ses pieds, la <u>fillette</u> aperçoit un drôle de petit caillou en forme de cœur ; alors, <u>elle</u> ramasse la pierre. À la maison, la <u>petite fille</u> rangera sa découverte dans son tiroir à trésors.

Relève tous les mots qui remplacent :
- Manon : ....
- le caillou : ....

5

2 ## Remplace le nom souligné par un pronom, puis par un autre mot.

Léon possède un perroquet. Il apprend à parler <u>au perroquet</u>.
<u>Le perroquet</u> sait compter jusqu'à 20 !

Léon possède un perroquet. Il lui apprend à parler.
L'oiseau sait compter jusqu'à 20 !

La fée prend la plus grosse citrouille. Elle touche *la* <u>la citrouille</u> de sa baguette.
<u>La citrouille</u> se transforme en carrosse.

Le fruit

La base contrôle Ariane. *La fusée* <u>Ariane</u> apparaît sur les écrans. *Elle* <u>Ariane</u> va décoller.

4

3 **Récris le texte en employant les mots suivants pour supprimer les répétitions :** il lui Réglisse.

Mon chien s'appelle Réglisse. Pour moi, <u>mon chien</u> *il* est comme un bon copain. J'aime m'amuser avec <u>mon chien</u> *lui*. <u>Mon chien</u> m'est fidèle. Je peux confier à <u>mon chien</u> mes petits secrets, je suis sûre que <u>mon chien</u> ne les répètera pas.

....

....

....

....

4

4 **Remplace** il y a **sans utiliser le verbe** être.

Il y a un doux parfum dans l'air. *Un doux parfum flotte dans l'air.*

Il y a des gens dans l'entrée. ....

Il y a de la lave dans le cratère. ....

Il y a de la sueur sur son front. ....

Il y a un avion sur la piste. ....

4

5 **Récris ce texte en supprimant les mots inutiles.**

Il y a un cirque qui s'est installé sur la place. On voit les enfants du quartier qui se pressent pour assister au spectacle. C'est une représentation qui commence à cinq heures. Devant l'entrée du chapiteau, il y a un clown qui fait rire les petits.

....

....

....

....

3

Le total de mes bonnes réponses est .... /20

Soigner le style (2)

Je compt
mes bonne
réponses

Observe la règle

- On peut améliorer un texte en donnant **davantage de renseignements**.
    Je lis.
    Je lis allongée sur une plage de sable fin.
- On peut toujours compléter une phrase en l'**enrichissant** d'un mot, d'une expression ou d'une proposition subordonnée.
- Plus une phrase comporte de compléments, plus elle est précise.

1 Coche le texte le plus précis. Souligne les compléments qui l'enrichissent.

Texte A ☐

Incroyable !
En 1974, le funambule Philippe Petit a marché sur un fil, à 400 mètres au-dessus du sol entre deux gratte-ciel.

Texte B ☑

Incroyable, <u>mais vrai</u> !
En 1974, le funambule <u>français</u> Philippe Petit a marché sur un fil <u>de 110 mètres de long qui était tendu dans le vide</u>, à 400 mètres au-dessus du sol, entre deux gratte-ciel <u>de New York</u>.

2 Trouve des compléments aux verbes pour enrichir ces passages.

- Le comique entre. Le public rit. *Le comique entre sur scène avec son caleçon sur la tête. À ses pieds, le public rit à gorge déployée*

- Le patineur s'élance. Il retombe.
Le patineur s'élance dans les airs avec rapidité. Il retombe en tourbillonnant.

- J'ai écrit une lettre. Je la poste.
J'ai écrit une lettre au Père Noël de ma liste de jouets préférés. Je la poste avec entrain.

- L'hiver approche. Les lutins s'activent.
La couleur de l'automne accompagnée de la chute des feuilles annonce que l'hiver approche. Les lutins s'activent pour fabriquer des jouets du Père Noël.

6

3

3 **Enrichis ce texte en complétant les noms soulignés d'un adjectif, d'un groupe de mots ou d'une proposition relative de ton choix.**

Un jour, un <u>engin</u> se posa sur le <u>parking</u>. Vu l'<u>état</u> du vaisseau, il avait dû faire un long <u>voyage</u>. À voir sa <u>forme</u>, on devinait qu'il venait d'une <u>planète</u>. Il prit soin de ne pas heurter les <u>voitures</u> ou gêner la <u>circulation</u>. Malgré tout, son <u>arrivée</u> provoqua une panique parmi les <u>habitants</u>.

....

....

....

....

....

10

4 **Rends ce texte plus précis grâce aux adverbes suivants :**

vite   sèchement   longtemps   patiemment   tout à coup

même   malheureusement .

Assis sur un rocher, j'attendais................................. que le poisson morde à l'hameçon....................................., le bouchon disparut. C'était le signal. Alerte générale ! Je tirai............................. sur la canne en criant à mon frère : « Apporte................. l'épuisette ! »

.... la vieille basket que je remontais ne frétilla pas.......................

.... avec des pommes de terre, elle ne pouvait prétendre faire un repas.

7

5 **Enrichis ce texte composé de phrases minimales.**

Lucas recueille un oiseau. Celui-ci est blessé. Il le soigne. L'oiseau peut s'envoler.

....

....

....

4

Le total de mes bonnes réponses est .... /30

Soigner le style (3)

Force 3

Je compt
mes bonn
réponses

Observe la règle

Selon la situation, on peut écrire dans différents styles de langage :
- le langage **familier** : je suis mort de trouille !
- le langage **courant** : j'ai vraiment peur !
- le langage **soigné** : je suis absolument effrayé !

1 **Indique pour chaque texte le style : familier, courant ou soigné.**
- Cette horrible créature raffole des petits. Elle les repère grâce à leur odeur, à des kilomètres à la ronde et se précipite sur son engin diabolique lorsqu'ils s'égarent dans les alentours.
- Cette bonne femme adore les mômes. Elle les renifle de loin et se ramène sur son balai quand ils sont perdus dans le coin.
- Cette sorcière aime les enfants. Elle les sent de loin et arrive sur son balai magique dès qu'ils se perdent par là.

2 **Classe les mots dans le tableau.**

une voiture - une automobile - une caisse - se nourrir - manger - bouffer - se marrer - rire aux éclats - rigoler - des chaussures - des souliers - des godasses

langage familier	langage courant	langage soigné

3

12

3 **Relie langage soigné et langage familier.**

Je verse une larme. •————————• Je chiale.

J'ai de la chance. • • Je pige bien.

Je comprends parfaitement. • • Je me grouille.

Je me presse. • • J'ai du pot.

Je suis lasse. • • J'ai un vélo.

J'ai une bicyclette. • • Je suis crevée.

5

4 **Récris en langage courant.**

• Tu planes, tu vas te gourer.

• Elle avait l'air d'une cloche.

• Fais gaffe à tes bouquins.

• Tu me racontes des salades.

• Y'en a marre de ce boucan !

• C'est drôlement moche.

6

5 **Récris en langage courant.**

Il ne craignait pas les basses températures car il revêtait un anorak.

Ces navires, toutes voiles dehors, sillonnent le globe terrestre.

Le clapotis de l'eau fait chanter le toit de ma demeure.

Les aigles sont dotés d'une vue exceptionnelle.

4

MINI-CHOUETTE © HATIER

Le total de mes bonnes réponses est ...... /30

Écrire une lettre

Je compt...
mes bonn...
réponses

Observe la règle

Pour écrire une lettre, on doit respecter les règles suivantes :
- inscrire **le lieu** et **la date** de la lettre ;
- faire un **en-tête** : **formule** de politesse ou d'affection qui précise **à qui** est adressée la lettre ;
- rédiger **le texte** principal ;
- finir la lettre par **une formule** de politesse ou d'affection ;
- **signer**.

N'oublie pas que le nom et l'adresse du destinataire sont inscrits sur l'enveloppe. L'expéditeur de la lettre peut écrire son nom et son adresse au dos.

❶ Indique le nom de chaque partie : signature   date   texte principal   en-tête   lieu   formule de politesse   destinataire   expéditeur .

lieu

date

en-tête

texte principal

expéditeur

Paris, le 8 juin.

Mon cher Rémi,

L'été approche ... On va se retrouver dans un mois au bord de la mer. C'est super ! Pense à prendre ta raquette ; moi, j'emporte la mienne. Bisous à toute ta famille.

Juliette

formule de politesse

destinataire

...ER Rémi
...ue du Sillon
12613 LAVILLE

Juliette Dubois, 8 rue...

signature

2 **Imagine que tu écrives à ces personnes. Écris un en-tête.**

- Tes parents : *mes chers parents,*
- Ton (ta) meilleur(e) ami(e) :
- Ta grand-mère :
- Le maire de ta commune :
- Ton (ta) maître(esse) d'école :

...... / 5

3 **Recopie le texte qui correspond à une lettre.**

Monsieur et Madame Moineau ont la joie de vous annoncer la naissance de Cricri, Résidence du Grand Chêne, à Boissy.

Boissy, le 20 mars.
Chers amis, la nichée se porte à merveille. Venez-donc nous voir si vous passez dans le quartier du Grand Chêne.
Bien amicalement, Madame Moineau.

C'est dans le quartier du Grand Chêne à Boissy, que la famille Moineau a élu domicile. Là un oisillon est né. Ses parents l'ont appelé Cricri.

...... / 2

4 **Remets le texte de cette lettre dans l'ordre.**

Je t'embrasse tendrement,
ton Grand-Papa. Tes parents m'ont dit au téléphone que tu rêvais de venir à la pêche avec moi. Prépare ta canne, les vacances sont proches !
St-Malo, le 3 Mai,
Ma petite puce,

...... / 5

Le total de mes bonnes réponses est ...... / 20

Faire une description

Je compt mes bonne réponses

Observe la règle

Un texte qui décrit quelque chose s'appelle une description.
Pour décrire, par exemple un lieu, il faut **organiser** le texte pour que
le lecteur puisse facilement imaginer ce lieu.

• On **choisit un sens** qui va guider la description :
du premier plan (ce qui est devant) vers l'arrière plan (ce qui est derrière),
de la gauche vers la droite, du bas vers le haut, de l'intérieur vers l'extérieur.

• On **ne décrit pas tout**, mais on choisit les détails les plus frappants ;
ceux que l'on veut faire ressortir.

N'oublie pas que l'on peut décrire un lieu, un objet, une habitation, etc.
Quand une description est bien faite, on doit pouvoir dessiner ce qui est décrit.

1 **Entoure le texte qui est une description.**

Quand les dix bougies furent soufflées arriva le moment d'ouvrir les paquets. Betty était émue. Tous ses bons amis l'entouraient. Voilà qu'ils chantaient en chœur « joyeux anniversaire » en lui tendant les cadeaux qu'ils avaient spécialement choisis pour elle. Betty se sentait comblée.

Sous le papier cadeau, Betty découvrit un coffret d'un bois presque noir muni d'une jolie petite serrure en métal doré. La clé minuscule y était introduite. Si on la tournait, le coffret s'ouvrait automatiquement et faisait tourner un adorable Pierrot sur l'air de « Au clair de la Lune ».

$\frac{5}{5}$

2 **Trouve le sens de la description dans ce texte et coche la bonne case.**

À l'entrée du palais, se dressait une très haute tour. Ulysse n'en avait jamais vu de pareille. Sur un socle de pierre, des colonnes étaient posées. Entre chacune d'elles étaient suspendus des tubes creux, faits de roseaux de différentes longueurs. Au-dessus s'élevait un assemblage étrange, à la fois ailes de moulin et voiles de navires, avec des girouettes mobiles en haut de chaque mât. Le moindre souffle faisait tinter les tubes, gonflait les voiles et affolait les girouettes.

© Extrait de *L'extraordinaire voyage d'Ulysse* d'Hélène Kérillis, d'après Homère, Coll. Ratus Poche, Hatier.

Cette description se fait ☐ du sud vers le nord. ☑ de bas en haut.

☑ de l'intérieur vers l'extérieur. ☐ de haut en bas.

$\frac{2}{4}$

Corrigés à détacher

Après avoir vérifié ici tes réponses, reporte-toi au tableau page 27 pour évaluer ton travail.

Présenter un texte — PAGE 4

1

alinéa — titre

Train-fantôme

Le train entra dans le tunnel. Il y faisait tout noir mais je ne craignais pas grand-chose puisque mon père, assis à côté de moi, me tenait la main. — paragraphe 1

Tout à coup, je le sentis se cramponner très fort à la mienne. Rien de plus normal, une bande de squelettes s'était mise à nous poursuivre. Soudain, papa hurla : « C'est l'horrrreur fiston !

- Courage papa, on sortira de cet enfer. »

Un vampire vint en renfort, prêt à planter ses dents dans nos cous bien tendres. Heureusement, le train était plus rapide que lui. — paragraphe 2

Quand le train arrêta sa course folle, le soleil brillait sur la fête foraine. Papa, lui, avait la chair de poule et moi, j'étais mort... de rire ! — paragraphe 3

2 Minette surgit du placard. Comme elle a l'air fatiguée ! Mais elle ronronne et par mille manières, me conduit près d'une boîte à chaussures. Trois chatons sont là les yeux fermés. « Regarde, mais ne les touche pas, semble me dire Minette. Tu joueras avec eux quand ils seront plus grands. »

3 **Chasse au trésor**

Planté sur sa jambe de bois, Barbe Rousse regardait ses pirates creuser. Il était certain que l'or était caché au pied de ce palmier. La carte indiquait précisément cet endroit.

Deux heures plus tard, ses hommes creusaient toujours. Le capitaine commençait vivement à s'impatienter.

À la tombée de la nuit seulement, un pirate s'écria : « Sacrebleu ! on dirait un coffre ! ». Les yeux brillants, ils l'ouvrirent ; hélas pour eux, le coffre, loin d'être vide, était bien plein... oui, mais plein de terre !

Soigner le style (1) — PAGE 6

1 • **Manon** : la fillette - elle - la petite fille
• **le caillou** : la pierre - sa découverte

2 • La fée prend **la grosse citrouille**. Elle la touche de sa baguette. Le légume se transforme en carosse.

• La base contôle **Ariane**. Elle apparaît sur les écrans. La fusée va décoller.

3 Mon chien s'appelle Réglisse. Pour moi, il est comme un bon copain. J'aime m'amuser avec lui. Il m'est fidèle. Je peux confier à Réglisse mes petits secrets, je suis sûre qu'il ne les répètera pas.

4 Vérifie avec un adulte. **À titre d'exemple :**
- Des gens attendent dans l'entrée.
- De la lave brûle dans le cratère.
- De la sueur coule sur son front.
- Un avion roule sur la piste.

5 Un cirque s'est installé sur la place. Les enfants du quartier se pressent pour assister au spectacle. Une représentation commence à cinq heures. Devant l'entrée du chapiteau, un clown fait rire les petits.

Soigner le style (2) — PAGE 8

1
> **Texte B** ☒
> Incroyable, mais vrai !
> En 1974, le funambule français Philippe Petit a marché sur un fil de 110 mètres de long qui était tendu dans le vide, à 400 mètres au-dessus du sol, entre deux gratte-ciel de New York.

2 Vérifie avec un adulte. À titre d'exemple :
• Le patineur s'élance **pour exécuter une pirouette**. Il retombe s**ur la glace impeccablement**.
• J'ai écrit une lettre **à mon meilleur ami**. Je la poste **pour qu'il la reçoive très vite**.
• **Dans la forêt**, l'hiver approche à **grands pas. Laborieusement**, les lutins s'activent à **ramasser du bois**.

3 Vérifie avec un adulte. À titre d'exemple :
Un jour, un **drôle** d'engin se posa sur le parking **devant chez moi**. Vu l'état

lamentable du vaisseau, il avait dû faire un long voyage **entre les météorites**. À voir sa forme **bizarre**, on devinait qu'il venait d'une planète **inconnue**. Il prit soin de ne pas heurter les voitures **garées là** ou gêner la circulation **automobile**. Malgré tout, son arrivée **imprévue** provoqua la panique parmi les habitants **du quartier**.

4 Assis sur un rocher, j'attendais patiemment que le poisson morde à l'hameçon. Tout à coup, le bouchon disparut. C'était le signal. Alerte générale ! Je tirai sèchement sur la canne en criant à mon frère : « Apporte vite l'épuisette ! » Malheureusement la vieille basket que je remontais ne frétilla pas longtemps. Même avec des pommes de terre, elle ne pouvait prétendre faire un repas.

5 Vérifie avec un adulte. À titre d'exemple : Lucas recueille un oiseau **qu'il a trouvé au fond du jardin**. Celui-ci est blessé à **la patte**. Il le soigne **en douceur, redresse la patte**. Enfin, l'oiseau peut s'envoler, retrouvant la liberté grâce aux soins de Lucas.

Soigner le style (3) — PAGE 10

1 • langage soigné
• langage familier
• langage courant

2

langage familier	langage courant
une caisse	une voiture
bouffer	manger
se marrer	rigoler
des godasses	des chaussures

langage soigné
une automobile
se nourrir
rire aux éclats
des souliers

3 Je verse une larme. • • Je chiale.
J'ai de la chance. • • Je pige bien.
Je comprends
parfaitement. • • Je me grouille.
Je me presse. • • J'ai du pot.
Je suis lasse. • • J'ai un vélo.
J'ai une bicyclette. • • Je suis crevée.

4 Vérifie avec un adulte. **À titre d'exemple :**
• Tu rêves, tu vas te tromper. • Prends soin de tes livres. • J'en ai assez de ce bruit ! • Elle avait l'air idiote. • Tu me mens. • C'est vraiment laid.

5 Vérifie avec un adulte. **À titre d'exemple :**
Il n'avait pas peur du froid car il portait un anorak.
Ces voiliers parcourent le monde.
Il pleut sur le toit de ma maison.
Les aigles voient très bien.

Écrire une lettre PAGE 12

1

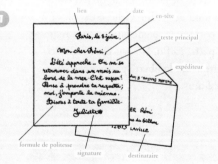

lieu | date | en-tête
texte principal
expéditeur
Paris, le 3 juin.
Mon cher Rémi,
formule de politesse | signature | destinataire

2 Vérifie avec un adulte. **À titre d'exemple :**
• **Tes parents :** Mes parents chéris,
• **Ton (ta) meilleur(e) ami(e) :** Ma chère...
• **Ta grand-mère :** Chère Mamy,
• **Le maire de ta commune :** Monsieur le Maire,
• **Ton (ta) maître(esse) d'école :** Madame Leroux,

Savoir faire une rédaction – **CM1/CM2**

3
Boissy, le 20 mars
Chers amis,
La nichée se porte à merveille.
Venez donc nous voir si vous passez dans le quartier du Grand Chêne.
Bien amicalement,
Madame Moineau.

4
St Malo, le 3 mai
Ma petite puce,
Tes parents m'ont dit au téléphone que tu rêvais de venir à la pêche avec moi. Prépare ta canne, les vacances sont proches !
Je t'embrasse tendrement,
ton Grand-Papa.

Faire une description PAGE 14

1 Sous le papier cadeau, Betty découvrit un coffret d'un bois presque noir muni d'une jolie petite serrure en métal doré. La clé minuscule y était introduite. Si on la tournait, le coffret s'ouvrait automatiquement et faisait tourner un adorable Pierrot sur l'air de « Au clair de la Lune ».

2 La description se fait de bas en haut.

3 Les cases rondes en terre rouge, couvertes d'un toit de chaume, s'organisent autour de la petite place centrale, cœur du village où tous se rassemblent.
Autour du village, des petits jardins potagers bordent les cases puis ce sont les champs de mil ou de coton.
Au-delà des cultures, plus loin, l'herbe rare où paissent les chèvres : la savane, immense, à perte de vue...

4 Photo de mariage
La photographie est ancienne mais je reconnais facilement toutes les personnes qui sont dessus. Les mariés, au centre, sont mes parents. Papa en habit et Maman en robe blanche ! Entourant ce jeune couple, à gauche et à droite, mes grands-parents tout sourire dehors. Autour d'eux, toute la famille. Les amis ont pris place derrière. Et puis, au premier plan, devant, Tata Colette, petite, en demoiselle d'honneur, lance le riz porte-bonheur. Moi, bien sûr, je ne peux pas être là, puisque je n'étais pas né ! J'ai tout râté !

Faire un portrait PAGE 16

1 Ce portrait décrit l'aspect physique du personnage.

2 • **l'aspect physique :** Sa cravate est affreuse. Elle a un teint de pêche. Mes prunelles sont noires.

• **un trait de caractère :** C'est un grand timide. Être gai comme un pinson. Que tu es courageuse !

• **un comportement :** C'est un gros fumeur. Il mâchait du chewing-gum. Il fondait en larmes.

3 Vérifie avec un adulte. **À titre d'exemple :**
• C'est un comique : il me raconte des histoires drôles.
• Elle est coléreuse : elle tape du pied.
• Tu es impatient : tu fais les cent pas.
• Il est ordonné : il range ses affaires.
• Je suis rêveuse : je suis dans la lune.

4 Vérifie avec un adulte. **À titre d'exemple :**
Aimé-le-Bon régnait tout en douceur sur son royaume bienheureux. Entouré de ministres compétents, ce bon roi menait le pays à la prospérité. Les habitants étaient heureux. Ils portaient leur joie sur leur visage souriant. Tous espéraient le croiser, osant crier sur son passage « Vive le roi ! ».

1 Le **texte 1** est un récit chronologique.

2
D Par une nuit de pleine lune...
F Chacun retrouva sa maison.....
F La noce fut célébrée en grande pompe...
D Trois frères se retrouvaient au chevet...
D Il était une fois une petite chèvre...

3
4 Roudoudou, c'était leur chat. Il adorait se promener dans le quartier. D'ailleurs, en sortant de la maison, Jojo le vit sur le trottoir.

2 Il s'était régalé du meilleur petit déjeuner de tous les temps. Il avait le sourire en chocolat. Il était temps qu'il file à l'école.

5 - Rentre à la maison ! dit-il de sa plus grande autorité. J'ai un bus à prendre, moi ! Loin de l'écouter, Roudoudou fit tout le contraire. Il avait même décidé de le suivre. Pas de doute : même son propre chat essayait de le mettre en retard !

3 Alors, Jojo attrapa son cartable, fit un bisou à sa mère qui demanda, l'air soucieuse : - Je me demande où est passé Roudoudou ?

4 Vérifie avec un adulte. **À titre d'exemple :** Le grand Mage Aziz ouvre la malle. Sa complice se glisse à l'intérieur. On voit son visage grâce à un trou dans la boîte. Il change d'expression quand le mage plante une épée puis une autre qui traverse la malle de part en part. Il fait même bouger les lames, faisant semblant d'être cruel.

1
À cette heure du soir, dès qu'il entendait sa mère lui dire :
« Allez mon ange, au bain ! », ce démon d'Angelo trouvait toujours quelque chose à faire : quelques derniers jouets à ranger, un album à finir... il n'était jamais pressé.

Peu à peu, l'eau du bain refroidissait, et quand il se décidait enfin à y plonger, elle était presque froide. Faire couler la douche chaude, il adorait ça, surtout quand elle faisait monter les bulles du produit moussant. La toilette, c'était plutôt chouette !

Finalement, c'était à chaque fois la même histoire, quand c'était l'heure de sortir du bain, Angelo trouvait toujours quelque chose d'autre à laver !

2 tout à coup ☒　ensuite ☒　depuis lors ☒
soudain ☒　longtemps après ☒

3 Timothée aimerait goûter cette sorte de yaourt appelé lassi. Mais il ne parle ni ne comprend l'hindi, la langue, qu'utilisent la plupart des gens dans cette région de l'Inde. **Alors ce sont ses parents qui s'adressent au commerçant. Un instant plus tard, le marchand, aidé de son fils, mélange soigneusement le yaourt avec du sucre en poudre et un peu d'eau. Puis il verse le tout dans un grand verre de métal qu'il tend à Timothée. Le jeune graçon peut enfin goûter ce yaourt très liquide.**

4 Tout d'abord, on choisit une belle citrouille. Puis on décalotte le dessus pour enlever les graines qui se trouvent à l'intérieur. Ensuite, on creuse des trous pour les yeux et la bouche grimaçante. Alors, on place une petite lampe électrique et on remet le chapeau de la citrouille. Enfin, on la pose sur le rebord de la fenêtre pour effrayer les passants.

1 Le texte A évoque une expérience personnelle.

2 J'avance, hésitant(e), dans le noir. Mon cœur bat à cent à l'heure. C'est encore cette fichue lumière de la cave qui s'est éteinte automatiquement, sans prévenir ! À tâtons, je me dirige vers l'interrupteur. J'appuie sur le bouton. Mon visage se fige d'horreur. Juste devant moi, une araignée noire, énorme, se balance au bout d'un fil.

3 - Bon, on pourrait peut-être se présenter ! Moi, c'est Plume. J'habite à côté, rue Censier. Et toi ?
- Plume !? Ben dis donc, ils n'ont pas peur que tu t'envoles, tes parents ?
- Ah ! Je vois que j'ai affaire à un comique ! C'est au moins la mille trois centième fois qu'on me la fait, celle-là ! Mais tu sais, mes parents, ils ne sont jamais là, alors... Et toi, comment tu t'appelles ?
- Domino. Mais tous mes copains m'appellent Mac Do, parce que j'adore les hamburgers !

4 Il me reste à peine dix minutes pour ranger le bazar dans le salon, si je veux voir le début de « Mission Spatiale 3 » et embarquer à bord de l'astronef, tranquille au fond du canapé. Moi, je n'aime pas beaucoup ranger. Mais, ma sœur, elle, ça ne la dérange pas, surtout si en échange de ce service, je prépare le plateau-goûter.
On s'entend plutôt bien ma sœur et moi. Nos parents disent souvent qu'on est même très complices...

Le **texte au présent** est plus vivant.

MINI-CHOUETTE © HATIER

1

Nom : baleine bleue
Classe : mammifère aquatique
Poids : 130 000 kg Taille : 30 m de long
Nourriture : plancton
Durée de vie : jusqu'à 80 ans

2
Camouflage

Dans la forêt tropicale, certains insectes imitent l'apparence des plantes pour passer inaperçus. Des sauterelles-feuilles se fondent dans le feuillage. ~~La station est équipée d'un radar.~~ Les phasmes ressemblent à des brindilles. Les mantes religieuses prennent les couleurs des fleurs. ~~La température monte.~~

3 **Texte 1 :**
Une éruption

Quand un volcan s'éveille, il entre en éruption. Il peut exploser.
La lave jaillit du cratère en feu. Elle s'écoule sur les pentes en brûlant tout sur son passage.
En refroidissant, elle devient dure.

Texte 2 :
Pendant la Préhistoire

Les hommes, à cette époque, vivent de chasse et de pêche. Avec des armes en pierre taillée, ils combattent les animaux sauvages. Ils travaillent aussi le bois et l'os pour en faire des pointes. Ce sont des nomades : ils se déplacent pour suivre le gibier.

4 Vérifie avec un adulte. **À titre d'exemple :**
Le soleil se lève à l'Est ; c'est l'aube.
À midi, il est haut dans le ciel.
Puis, sa course se poursuit vers l'Ouest jusqu'au soir où il se couche ; c'est le crépuscule.

3 **Reconstitue cette description d'un village africain en partant du centre vers les alentours. Écris le texte en ordre.**

> Au delà des cultures, plus loin, l'herbe rare où paissent les chèvres : la savane, immense, à perte de vue...
>
> Les cases rondes en terre rouge, couvertes d'un toit de chaume, s'organisent autour de la petite place centrale, cœur du village où tous se rassemblent.
>
> Autour du village, des petits jardins potagers bordent les cases puis ce sont les champs de mil ou de coton.

....

....

....

....

....

....

....

......
3

4 **Complète ce texte avec les mots suivants :**

au centre **derrière** **devant** **là** **autour** **dessus** **à gauche** **à droite** .

Photo de mariage

La photographie est ancienne mais je reconnais facilement toutes les personnes

qui sont .... Les mariés, ..., sont mes parents. Papa en habit et

Maman en robe blanche ! Entourant ce jeune couple, ... et ....

mes grands-parents tout sourire dehors. .... d'eux, toute la famille.

Les amis ont pris place ....

Et puis, au premier plan, ..., Tata Colette, petite, en demoiselle

d'honneur, lance le riz porte-bonheur. Moi, bien sûr, je ne peux pas être

................., puisque je n'étais pas né ! J'ai tout râté !

......
8

Le total de mes bonnes réponses est .... **/20**

Faire un portrait

Observe la règle

La description d'un personnage s'appelle un portrait.
Pour faire le portrait d'un personnage, on peut décrire :
* **son aspect physique** : allure, taille, visage, cheveux, vêtements...
* **ses traits de caractère** : qualités, défauts...
* **son comportement** : attitudes, habitudes...
On peut utiliser des comparaisons, des expressions imagées.

N'oublie pas qu'on doit pouvoir imaginer le personnage grâce à son portrait.

1 **Lis ce texte puis coche ce qui est vrai.**

> C'est vrai qu'il n'a pas un aspect engageant, monsieur Merle...
> Il est même très laid, monsieur Merle. D'ailleurs, Jules qui l'a croisé
> plusieurs fois dans l'ascenseur sans savoir qui il était, l'a surnommé
> le hibou : il lui trouve une ressemblance extraordinaire avec cet animal....
> Bref, il y a peu de chance pour qu'on le voie un jour présenter une
> émission de télévision !

© Extrait de *Les naufragés du bâtiment B* de Frédéric Magnan, Coll. Ratus Poche, Hatier.

Ce portrait décrit ☐ les habitudes du personnage.

☐ l'aspect physique du personnage.

☐ le caractère du personnage.

......

1

2 **Souligne les phrases qui décrivent l'aspect physique en rouge,
un trait de caractère en bleu et un comportement en vert.**

C'est un grand timide. Sa cravate est affreuse. Elle a un teint de pêche. C'est un
gros fumeur. Être gai comme un pinson. Il mâchait du chewing-gum. Que tu es
courageuse ! Mes prunelles sont noires. Il fondait en larmes.

......

9

3 **Voici des traits de caractère. Trouve des comportements correspondants.**

● C'est un comique : ....

● Elle est coléreuse : ....

● Tu es impatient : ....

● Il est ordonné : ....

....
5

● Je suis rêveuse : ....

4 **Rédige le portrait opposé de ce personnage.**

Tyrano-le-Terrible régnait d'une main de fer sur son pauvre royaume. Entouré de mauvais ministres, ce roi guerrier menait le pays à la misère. Les habitants avaient les idées noires. Ils portaient leur mélancolie sur leurs tristes visages... Tous craignaient de le croiser, n'osant crier sur son passage : « À bas le roi ! ».

....

....

....

....

....
5

....

....

5 **Fais ton portrait.**

● Dessine ton aspect physique.

● Décris ton caractère.

....

....

....

....

....
10

....

....

....

Le total de mes bonnes réponses est .... /30

Construire un récit (1)

Je compte mes bonnes réponses

Observe la règle

Un récit est un texte qui raconte **une histoire**. On le construit en suivant un **ordre chronologique** qui se déroule dans le temps :

- **le début** de l'histoire : la situation de départ. Le lieu, le moment et les personnages principaux y sont présentés.
- **le déroulement** de l'histoire : les actions, les événements s'y succèdent.
- **la fin** : la chute de l'histoire. Elle peut être heureuse, triste, surprenante...

Un récit chronologique peut être écrit au **présent** comme au **passé** (même s'il se passe au futur).

❶ Coche la case du texte qui est un récit chronologique.

Texte 1 ☐

L'athlète se prépare pour l'épreuve, s'échauffe sur la piste en sautillant. Il est concentré sur son objectif : sauter le plus haut possible, battre le record, montrer qu'il est le meilleur. Alors, il prend son élan, se lance de toute sa puissance pour s'élever au maximum, mais heurte la barre qui retombe avec lui sur le tapis. Les supporters retiennent leur souffle : il reste encore deux essais....

Texte 2 ☐

L'enfant et la rivière
À l'aube, on ne voyait d'abord qu'un grand oiseau. Il se tenait dans une profonde immobilité, sur un mince banc de vase, à cinquante mètres de la barque. Son bec pointu menaçait l'eau, le jabot en avant et haut sur pattes, solennellement, il pêchait. C'était le héron.

© Extrait de *L'enfant et la rivière* d'Henri Bosco, Gallimard.

...... 5

❷ Indique pour chaque phrase, **D** **si elle est tirée d'un début de récit.**
F **si elle est tirée de la fin d'un récit.**

☐ Par une nuit de pleine lune, à minuit, j'entendis gratter sous ma porte.

☐ Chacun retrouva sa maison. La paix revint car le dragon disparut à jamais.

☐ La noce fut célébrée en grande pompe. Plus rien ne pouvait les séparer.

☐ Trois frères se retrouvaient au chevet de leur père malade.

☐ Il était une fois une petite chèvre adorable mais têtue comme une mule.

...... 5

❸ Lis ce texte et retrouve l'ordre des actions. Numérote-les de 2 à 5.

[1] Jojo avait décidé de se lever tôt. D'abord parce qu'il aimait bien prendre son temps le matin. Ensuite, parce qu'il détestait arriver à l'école en retard.

[ ] Roudoudou, c'était leur chat. Il adorait se promener dans le quartier. D'ailleurs, en sortant de la maison, Jojo le vit sur le trottoir.

[ ] Il s'était régalé du meilleur petit déjeuner de tous les temps. Il avait le sourire en chocolat. Il était temps qu'il file à l'école.

[ ] - Rentre à la maison ! dit-il de sa plus grande autorité.
J'ai un bus à prendre, moi !
Loin de l'écouter, Roudoudou fit tout le contraire. Il avait même décidé de le suivre. Pas de doute : même son propre chat essayait de le mettre en retard !

[ ] Alors, Jojo attrapa son cartable, fit un bisou à sa mère qui demanda, l'air soucieuse :
- Je me demande où est passé Roudoudou ?

....
4

❹ Le début et la fin de l'histoire te sont donnés.
Rédige ce qui a pu se passer.

Tour de magie

Le grand Mage Aziz et la belle Irma sa complice saluent le public.

Ils vont exécuter le clou de leur spectacle, leur fameux numéro :

LA MALLE TRONÇONNÉE !

Le grand Mage Aziz ouvre la malle..

....

....

....

....

Le grand Mage Aziz ouvre la malle. Irma apparaît indemne, en un seul morceau, souriante, radieuse. Mesdames, messieurs, applaudissez !

....
6

Le total de mes bonnes réponses est .... /20

Construire un récit (2)

Je compte mes bonnes réponses

Observe la règle

Pour construire un récit chronologique, on utilise des expressions qui donnent des repères dans le temps et des indications sur le moment où les événements se déroulent : **En ce temps-là, peu à peu, alors, depuis ce jour, puis, plus tard, peu après, tout à coup, soudain, enfin...**

Ces expressions repères marquent les différentes étapes de l'histoire.

1 **Divise ce récit en trois étapes et entoure chacune d'elles. Souligne les expressions qui t'ont permis de le faire.**

À cette heure du soir, dès qu'il entendait sa mère lui dire : « Allez mon ange, au bain ! », ce démon d'Angelo trouvait toujours quelque chose à faire : quelques derniers jouets à ranger, un album à finir... il n'était jamais pressé.
Peu à peu, l'eau du bain refroidissait, et quand il se décidait enfin à y plonger, elle était presque froide. Faire couler la douche chaude, il adorait ça, surtout quand elle faisait monter les bulles du produit moussant. La toilette, c'était plutôt chouette !
Finalement, c'était à chaque fois la même histoire, quand c'était l'heure de sortir du bain, Angelo trouvait toujours quelque chose d'autre à laver !

......
6

2 **Coche les expressions qui peuvent servir à enchaîner deux événements.**

☐ tout à coup ☐ ensuite ☐ au-dessous de ☐ depuis lors

☐ moins que ☐ soudain ☐ longtemps après ☐ à l'envers

......
5

❸ Recopie la suite de ce récit. Retrouve l'ordre des phrases.

Timothée aimerait goûter cette sorte de yaourt appelé lassi. Mais il ne parle ni ne comprend l'hindi, la langue qu'utilisent la plupart des gens dans cette région de l'Inde.

....

....

....

....

....

- Le jeune garçon peut enfin goûter ce yaourt très liquide.

- Puis il verse le tout dans un grand verre de métal qu'il tend à Timothée.

- Un instant plus tard, le marchand, aidé de son fils, mélange soigneusement le yaourt avec du sucre en poudre et un peu d'eau.

- Alors ce sont ses parents qui s'adressent au commerçant.

© Extrait de *Timothée découvre l'Inde* de Frédéric Shangdi, Coll. Ratus Poche, Hatier.

....
4

❹ Récris le texte avec le pronom on. Supprime les chiffres.
Utilise les mots suivants pour enchaîner les différentes étapes du récit :

puis   tout d'abord   alors   enfin   ensuite .

Pour faire une citrouille d'Halloween :

1) Choisir une belle citrouille.

2) Décalotter le dessus pour enlever les graines qui se trouvent à l'intérieur.

3) Creuser des trous pour les yeux et la bouche grimaçante.

4) Placer une petite lampe électrique et remettre le chapeau de la citrouille.

5) La poser sur le rebord de la fenêtre pour effrayer les passants.

....
5

Le total de mes bonnes réponses est .... /20

Construire un récit (3)

Je compte
mes bonnes
réponses

Observe la règle

Un récit peut être une *expérience vécue*. On raconte alors une **histoire personnelle**.

• On devient *le narrateur* (la personne qui raconte l'histoire).

Ce genre de récit est écrit à **la première personne** : *je* (au singulier) ou **nous** (au pluriel).

• On peut exprimer son opinion, ses impressions, ses rêves et raconter ses vacances, une aventure, une sortie...

1 **Lis ces deux textes poétiques. Lequel évoque une expérience personnelle ?**

Texte A ☐

Rose rose, rose blanche
    Rose thé
J'ai cueilli la rose en branche
    au soleil de l'été
Rose blanche, rose rose
    Rose d'or
J'ai cueilli la rose éclose
Et son parfum m'endort.

© Extrait de *Chantefleur Chantefable* de Robert Desnos, Gründ.

Texte B ☐

La terre aime le soleil
Et elle tourne
Pour se faire admirer
Et le soleil la trouve belle
Et il brille sur elle ;
Et quand il est fatigué
il va se coucher
Et la lune se lève...

© Extrait de *Poésies* de Jacques Prévert, Gallimard.

2 **Transforme ce texte. Récris-le à la première personne.**

Alexandre avance, hésitant, dans le noir.
Son cœur bat à cent à l'heure.
C'est encore cette fichue lumière de la
cave qui s'est éteinte automatiquement,
sans prévenir ! À tâtons, il se dirige
vers l'interrupteur. Il appuie sur le
bouton. Son visage se fige d'horreur.
Juste devant lui, une araignée noire,
énorme, se balance au bout d'un fil.

J'avance ....

....

....

....

....

....

....

....

....

....

......
1

......
5

❸ Complète ce texte avec les pronoms personnels suivants :

je   j'   tu   on   ils .

- Bon,................... pourrait peut-être se présenter ! Moi, c'est Plume.................... habite

à côté, rue Censier. Et toi ?

- Plume !? Ben dis donc,................... n'ont pas peur que .... t'envoles, tes parents ?

- Ah !................... vois que................... ai affaire à un comique ! C'est au moins la mille

trois centième fois qu'................... me la fait, celle-là ! Mais................... sais, mes

parents,................... ne sont jamais là, alors... Et toi, comment................... t'appelles ?

- Domino. Mais tous mes copains m'appellent Mac Do, parce que j'adore les

hamburgers !

© Extrait de *Une nuit avec les dinosaures* de Laurence Pacciarella, Coll. Ratus Poche, Hatier.

......
10

❹ Récris ce texte au présent.

Il me restait à peine dix minutes pour ranger le bazar dans le salon, si je voulais voir le
début de « Mission Spatiale 3 » et embarquer à bord de l'astronef, tranquille au fond du canapé.
Moi, je n'aimais pas beaucoup ranger. Mais, ma sœur, elle, ça ne la dérangeait pas, surtout si en
échange de ce service, je préparais le plateau-goûter.
On s'entendait plutôt bien ma sœur et moi. Nos parents disaient souvent qu'on était même très
complices...

....

....

....

....

....

....

....

Lequel des deux textes te paraît plus vivant ?   ☐ le texte au présent

......
4

☐ le texte au passé

Le total de mes bonnes réponses est .... **/20**

Écrire un texte documentaire

Force 2

Observe la règle

• Un texte documentaire donne des informations sur un sujet précis qui peut être scientifique, historique, artistique...

• Il rassemble **des renseignements écrits ou illustrés** : le texte est souvent accompagné de documents (photos, schémas, dessins...).

1 **Trouve dans le texte les renseignements pour remplir le document suivant.**

Véritable géante des mers, la baleine bleue est le plus gros des êtres vivants. Certaines peuvent mesurer 30 m de long et peser jusqu'à 130 000 kg. On classe la baleine parmi les mammifères aquatiques. À la différence des poissons, elles

Nom : ....
Classe : ....
Poids : .... Taille : ....
Nourriture : ....
Durée de vie : ....

remontent à la surface pour respirer. Elle se nourrit du plancton composé de minuscules animaux marins. Une baleine bleue peut vivre 80 ans.

2 **Barre les phrases intruses dans ce texte documentaire.**

Camouflage

Dans la forêt tropicale, certains insectes imitent l'apparence des plantes pour passer inaperçus. Des sauterelles-feuilles se fondent dans le feuillage. La station est équipée d'un radar. Les phasmes ressemblent à des brindilles. Les mantes religieuses prennent les couleurs des fleurs. La température monte.

......
6

......
2

❸ Deux textes sont mélangés. Recopie-les correctement. Donne-leur un titre.

Quand un volcan se réveille, il entre en éruption. Les hommes, à cette époque, vivent de chasse et de pêche. Il peut exploser. Avec des armes en pierre taillée, ils combattent les animaux sauvages. La lave jaillit du cratère en feu. Ils travaillent aussi le bois et l'os pour en faire des pointes. Elle s'écoule sur les pentes en brûlant tout sur son passage. Ce sont des nomades : ils se déplacent pour suivre le gibier. En refroidissant, elle devient dure.

Texte 1 : ....

....

....

....

....

....

....

Texte 2 : ....

....

....

....

....

....

......

10

❹ Écris un petit texte documentaire à partir de ce document.

midi

soir (crépuscule)   matin (aube)

OUEST   EST

LA COURSE DU SOLEIL

....

....

....

....

......

2

Le total de mes bonnes réponses est .... /20

Tableau d'évaluation

Pour chaque compétence, tu as compté tes bonnes réponses. Coche la case qui correspond à tes résultats dans le tableau ci-contre. Tu verras alors si tu as encore besoin d'approfondir certaines connaissances et si elles sont acquises.

Acquis
Tu as bien compris et tu sais mettre en application tes connaissances.

En cours d'acquisition
Tu es sur le bon chemin mais tu as encore besoin de t'exercer. Repère les exercices que tu n'as pas su faire et relis la règle qui leur correspond. Refais-les ensuite quelques jours plus tard et compare bien tes réponses avec les corrigés.

Non acquis
Tu n'as pas tout bien compris et tu dois encore travailler. Repère les exercices que tu n'as pas su faire et relis la règle qui leur correspond. Refais-les ensuite quelques jours plus tard et compare bien tes réponses avec les corrigés.
Si tu t'es trompé, demande à un adulte de vérifier avec toi.

Compétence	Date			
Présenter un texte	....	Plus de 15	Entre 10 et 15	Moins de 10
Soigner le style (1)	....	Plus de 15	Entre 10 et 15	Moins de 10
Soigner le style (2)	....	Plus de 20	Entre 15 et 20	Moins de 15
Soigner le style (3)	....	Plus de 20	Entre 15 et 20	Moins de 15
Écrire une lettre	....	Plus de 15	Entre 10 et 15	Moins de 10
Faire une description	....	Plus de 15	Entre 10 et 15	Moins de 10
Faire un portrait	....	Plus de 20	Entre 15 et 20	Moins de 15
Construire un récit (1)	....	Plus de 15	Entre 10 et 15	Moins de 10
Construire un récit (2)	....	Plus de 15	Entre 10 et 15	Moins de 10
Construire un récit (3)	....	Plus de 15	Entre 10 et 15	Moins de 10
Écrire un texte documentaire	....	Plus de 15	Entre 10 et 15	Moins de 10

INTÉRIEUR : Maquette : Pɪᴄᴛᴏʀᴜs. Mise en page : Fᴀᴄᴏᴍᴘᴏ.
COUVERTURE : Rᴇᴘèʀᴇs.
ILLUSTRATIONS : Bruno Cᴏɴǫᴜᴇᴛ et Guillaume Tʀᴀɴɴᴏʏ.
ÉCRITURE CURSIVE : Lou Lᴇᴄᴀᴄʜᴇᴜʀ.
ÉDITION : Blandine Rᴇɴᴀʀᴅ.

Imprimé en France par Normandie Roto Impression s.a.s., à Lonrai (Orne)
N° d'impression : 091987 - Dépot légal n° 68766 - Juin 2009